AF219370

Dieser Ratgeber vermittelt wertvolles Wissen zum Thema Geldsparen in allen Lebensbereichen. Es ersetzt jedoch keine fachmännische Beratung. Bitte ziehen Sie deshalb im Zweifelsfall immer einen Fachmann bzw. bei der Anwendung von Hausmitteln immer einen Arzt zurate.

Alle Inhalte dieses Buches wurden sorgfältig geprüft. Es kann von Seiten des Autors keine Gewähr für die Richtigkeit und keine Verantwortung für eventuelle Schäden übernommen werden.

Jede Haftung ist ausgeschlossen.

Bibliografische Information der Deutschen Nationalbibliothek: Die deutsche Nationalbibliothek verzeichnet diese Publikation in der Deutschen Nationalbibliografie, detaillierte bibliografische Daten sind im Internet über http://dnb.dnb.de abrufbar

Umschlaggestaltung: Martin Leopoldseder
www.leo-oma.at
www.martin-leopoldseder.com
Herstellung und Verlag: BoD – Books on Demand, Norderstedt

ISBN: 9783752639940

# Vorwort

Liebe Leser!

Geld sparen, warum? Jeder Bürger in unserem Land hat im Laufe seines Lebens mit dem Thema zu tun. Die Motivation, warum jemand Geld sparen will, ist für jeden individuell.

Einige Gründe können sein:

- Den gewohnten Lebensstandard beizubehalten.
- Einige Ausgaben einfach zu kontrollieren - sind sie wirklich nötig?
- Verantwortungsvoll zu leben, die Umwelt und die Ressourcen zu schonen.
- Geld zum Anlegen verfügbar machen.
- Mit dem gespartem Geld anderen Mitmenschen eine Freude zu bereiten.

Wichtig ist, dass man sparen nicht mit Geiz und Gier verwechselt. Ein geiziger und gieriger Mensch ist vom Geld besessen, er handelt ohne tieferen Sinn dahinter.

Sparen hingegen ist etwas völlig anderes. Ein Mensch der spart, handelt finanziell intelligent. Er verfolgt ein sinnvolles Ziel hinter seinem sparen und macht Geld zu einer behilflichen Kraft in seinem Leben. Eine Kraft, die zu mehr Selbstvertrauen und zu einem würdevollen, selbstbestimmten Leben führt.

Die Tipps in diesem Buch werden Ihnen eine große Hilfe sein.

Sparen ist auch wichtig, um Nachhaltig zu leben. Wir spülen täglich über hundert Liter Wasser am Tag in der Toilette hinunter. Millionen Menschen benötigen einige Stunden am Tag, um genug Trinkwasser nach Hause zu schleppen.

Dieses Buch möchte Sie zum Nachdenken anregen, möglicherweise selbstverständliches zu hinterfragen und bewusst neue Entscheidungen zu treffen. Blättern Sie öfters darin, setzen Sie den einen oder anderen Tipp um.

Viel Vergnügen beim Lesen und beim bewussten Geld sparen!

Alles Liebe,

Ihr

Leopoldseder Martin

# Inhaltsverzeichnis

# 1 Die besten Geldspartipps beim Einkaufen von Lebensmitteln und Kochen

- **Kaffeefilter sparen**
  Verwenden Sie statt einem Kaffeefilter eine Strumpfhose. Schneiden Sie dazu den Fußteil eines Damenstrumpfes oder einer Strumpfhose ab. Kochen und waschen Sie diesen aus Hygienegründen gut. In die Kaffeemaschine montieren, und das Kaffeepulver einfüllen.
  Eignet sich hervorragend als Dauerfilter. Einfach auswaschen und wieder verwenden.

- **Teebeutel mehrfach verwenden**
  Teebeutel kann man mehrfach aufgießen. Vor allem grünen Tee kann man bis zu 3 mal wieder verwenden. Teebeutel mit Wäscheklammer aufhängen und trocknen.

- **Restfett bei Fleisch spart Öl**
  Fett, das von einem Kotelett oder Schweinebraten abgeschnitten wird, kann man gut schmelzen und man erspart sich dadurch einiges an Speiseöl.

- **In Ruhe ohne Hektik einkaufen gehen**
  Nehmen Sie sich genug Zeit zum Einkaufen. Wenn man beim Einkaufen von der Zeit getrieben ist, nimmt man die Dinge, die schnell griffbereit sind. Meistens sind dies jedoch die teuersten Produkte.

- **Am besten Wochentags am Morgen einkaufen gehen**
  Ware ist am frischesten, alle Produkte sind in ausreichender Menge verfügbar und es herrscht keine Hektik im Geschäft. Sie können auch eine Verkäuferin fragen, wann im Laden wenig los ist.

- **Nie mit Hunger einkaufen gehen**
  Wer hungrig einkaufen geht, kauft alles, Hauptsache es macht satt.

- **Einkaufszettel schreiben**
  Schreiben Sie einen Einkaufszettel und halten Sie sich strikt daran.

  Nehmen Sie nur so viel Geld mit, dass Sie die Produkte auf der Liste leicht bezahlen können. Kaufen Sie NUR mit Bargeld ein.

- **Immer mit einem Korb einkaufen gehen**
  Gehen Sie immer mit einem Korb einkaufen. Ein Einkaufswagen verleitet dazu, dass man zu viel kauft. Als zweiten positiven Effekt sparen Sie sich auch noch ein Plastiksackerl.

- **Müsli mit Haferflocken** strecken
  "Strecken" Sie Ihr Frühstücksmüsli mit Haferflocken. Diese sind um bis zu 50 Prozent billiger und das Müsli schmeckt genauso gut.

- **Kostenlose Puddingformen**
  Die Deckel von Fertigschlagobersdosen eignen sich hervorragend als Puddingformen.

- **Kaffee oder Tee einfrieren**
  Frieren Sie übriggebliebenen Tee oder Kaffee ein, und verwenden Sie diesen, wenn Sie das nächste Mal Kaffee oder Tee trinken.

- **Zerbrochene Kekse oder alte Semmeln verwenden.**
  Zerbrochene Kekse oder alte Semmeln auf dem Heizkörper trocknen. Dann reibt man sie zu Brösel und verwendet sie zum Panieren. Auch die süßen Brösel halten lange und man verwendet sie für eine Nuss- oder Mohnfülle.

- **Salz aus Chips oder Soletti Tüten weiterverwenden.**
  Verfeinern Sie Ihren Salat, faschiertes Fleisch oder ähnliches mit diesem Salz.

- **Sonderangebote bei Fleisch**
  Bei Sonderangeboten bei Fleisch achten Sie immer auf den Kilopreis.

- **Vorausschauend kochen**
  Wasser für Nudeln und Kartoffeln kochen dauert lange. Überlegen Sie sich Rezepte, wo Sie die Kartoffeln oder Nudeln weiter verwenden können. Zum Beispiel Spaghetti und am Tag darauf Nudelsalat. Beim Wasser kochen ist es auch von großem Vorteil, das Wasser mit einem Wasserkocher zum Kochen zu bringen und anschließend mit dem Herd weiter zu kochen

- **Obst, Gemüse, Salate saisonal kaufen**
  Kaufen Sie diese Lebensmittel in den Monaten, in denen diese geerntet werden. Da gibt es sie im Überfluss und werden günstiger verkauft.

- **Nur einmal im Monat Geld beheben**
  Gehen Sie nur einmal im Monat zur Ihrer Bank oder zum Bankomaten um Geld zu beheben. Heben Sie gleich so viel ab, wie Sie für den ganzen Monat in bar brauchen. Achten Sie dabei auch auf gebührenlose Abhebung beim Bankomaten der Hausbank.

- **Kaufen Sie nicht alles in einem Supermarkt,**
  nur weil es bequemer ist. Nutzen Sie die unterschiedlichen Geschäfte und prüfen Sie die Angebote.

- **Beachten Sie im Supermarkt**
  Teure Artikel sind häufig in Augenhöhe, preiswertere weiter unten und länger haltbare Produkte meist hinten im Regal.

- **Wurst und Käse in einem Stück kaufen**
  Aufgeschnittene Wurst und Käsewaren sind meistens viel teurer.

- **Lebensmittel niemals an Tankstellen kaufen**
  Fast immer sind die Lebensmittel teurer, teilweise sogar bis 100 Prozent.

- **Besorgen Sie sich eine Kundenkarte**
  Falls Sie öfters in Supermärkten einkaufen, besorgen Sie sich eine Kundenkarte. Mit Kundenkarten erhält man manchmal spezielle Rabatte.

- **Speisereste von Fleisch, Gemüse, usw ...**
  niemals wegwerfen. Einfach zerkleinern und für Suppen und Füllungen verwenden.

  Eventuell einfrieren, falls sie im Moment nicht benötigt werden.

- **Buttermilch mit ein bisschen Mehl vermischt,**
  ersetzt teuren Schlagobers bei Bratensoßen.

- **Buttermilch aufgeschlagen,**
  ersetzt teures Sahnedressing bei Salaten.

- **Eier können beim Backen ersetzt werden durch**
  Beimischung von Backpulver oder bei einem Biskuit-
  teig statt einem Ei, 2 Esslöffel Mineralwasser dazugeben.

- **Führen Sie unbedingt ein Haushaltsbuch.**
  Schreiben Sie täglich Ihre Einnahmen und Ausgaben auf. Vergleichen Sie beim Einkauf nicht nur den
  Preis sondern auch die Inhaltsmenge bei Kiloprei-
  sen.

- **Verwenden Sie beim Erhitzen von Wasser einen
  Wasserkocher.**
  Dies spart mehr als die Hälfte an Strom gegenüber
  einen Elektroherd.

- **Servietten zerteilen**
  Warum eine ganze Serviette beim Essen ver-
  schwenden? Eine halbe reicht auch. Einfach in der
  Mitte in 2 Stücke teilen.

# 2 Die besten Geldspartipps beim Putzen und Reinigen

Teure, chemische Putzmittel kann man sich oft sparen...

- **Zum Reinigen von Flaschen und Vasen**
  eignet sich hervorragend Kaffeesatz. Lassen Sie diesen einige Stunden im zugedeckten Behälter stehen, danach wie gewohnt spülen und auswaschen.

- **Zahnpasta ist ein universelles Putzmittel.**
  Tragen Sie die Zahnpasta auf die verschmutzen Stellen auf, mit dem Finger verreiben, kurz einwirken lassen und in die Waschmaschine geben.

- **Möbel, die mit Buntstiften oder Filzstiften angemalt wurden:**
  Zahnpasta auf ein Tuch geben und wegpolieren.

- **Schmutzige Hände reinigt** man super mit Zahnpasta statt Seife, gut einreiben und waschen.

- **Türschnallen, Silberbesteck, Wasserhähne**
  und andere Teile lassen sich toll mit Zahncreme behandeln. Gut einpolieren und mit sauberem Tuch nachpolieren.

- **Möbelpolitur lässt sich leicht selber herstellen:**
  Dazu vermischt man Rotwein mit Speiseöl mit gleichen Teilen. Diese Politur eignet sich hervorragend zur Pflege von dunklen Holzmöbeln.

- **Versiegelte Böden und Holzteile aller Art** können mit kaltem, schwarzem Tee behandelt werden.

- Billiges Haarshampoo statt teurem Wollwaschmittel eignet sich hervorragend für die **Handwäsche von Wollpullover**. Hinweis: Bei Wollpullovern soll beim Waschen nur lauwarmes Wasser verwendet werden.

- **Bügeleisen mit verschmutztem Boden** über Nacht auf ein in Essig getränktes Tuch stellen und nächsten Tag abwischen.

- **Sammeln Sie Seifenreste in einem Netz** (Orangen oder Zitronennetze) binden dieses zu und legen oder hängen es beim Waschbecken auf. Die rauen Netze verstärken die Reinigung um ein vielfaches.

- **Tintenflecken entfernen** Sie, indem Sie Backpulver auf den Fleck geben. Das Backpulver saugt die Tinte auf. Das Ganze so oft wiederholen, bis der Fleck verschwunden ist.

- **Billige Handcreme eignet sich hervorragend, um glatte Ledersachen zu reinigen,** außerdem macht sie das Leder weich. Die Creme mit den Fingern auftragen und mit einem trockenen Tuch verreiben.

- Nagellackentferner eignet sich gut um **Teer- und Schmierflecken** von weißen Schuhen zu entfernen. Nicht für Plastik verwenden.

- Eine Lösung aus gleichen Teilen Essig und Wasser beseitigt **Streusalz von Schuhen und Stiefeln.**

- **Lederhandschuhe** bringt man mit Vaseline auf Hochglanz.

- **Fleckige Lederschuhe** werden wieder neu, wenn sie mit einer Zwiebel abgerieben werden. Mit einem weichen Tuch nachwischen.

- **Farbflecken auf dem Boden** entfernt man am besten mit Essigwasser.

- **Blutflecken an Kleidern** sofort mit kaltem Salzwasser auswaschen. Niemals warmes Wasser verwenden.

- **Ei Flecken an Kleidern** sofort mit feuchtem Salz oder Essigwasser behandeln, einwirken lassen und später mit kaltem Wasser ausspülen.

- **Erdbeerflecken an Kleidern**
  Kleidung weicht man vor dem normalen Waschen in heißem Essigwasser ein.

- **Fettflecken**
  Mehl auf den Fleck streuen. Sprudelndes Mineralwasser wirkt Wunder beim Entfernen von Fettflecken auf Pullovern.
  Ältere Fettflecken: Fleck mit einem Geschirrspülmittel abreiben. Anschließend gründlich auswaschen.

- **Grasflecken**
  Niemals gleich mit Wasser abwaschen, bei den meisten Stoffen empfiehlt sich die Behandlung mit 70 prozentigem Alkohol, einwirken lassen und dann erst mit kaltem Wasser waschen.

- **Kaffeeflecken**
  Sofort in kaltem Salzwasser einweichen und anschließend mit kaltem Wasser ohne Seife ausreiben.

- **Kernölflecken** auf Tischtüchern und Kleidern verschwinden ohne chemische Hilfsmittel, wenn man sie nass macht und den Stoff dann einige Stunden in die Sonne legt.

- **Kugelschreiberflecken**
  Man sprüht den Fleck mit Haarspray ein und wäscht das Ganze normal aus.

- **Rotweinflecken**
  Kleidung sofort dick mit Salz bestreuen und nach einiger Zeit mit Mineralwasser nachspülen.

- **Tintenflecken**
  Kleidung in heißer Milch einweichen, dann mit warmen Seifenwasser auswaschen.

- **Waschpulver als Handwaschpaste**
  Verwenden Sie Waschpulver anstatt Handwaschpaste. Wirkt super und ist günstiger.

- **Socken mit Löchern als Wischmop verwenden**
  Einfach den Socken drüber ziehen und den Boden damit aufwischen.

- **Duschkopf mit Essig reinigen**
  Befüllen Sie ein kleines Plastiksackerl mit Essig, stülpen Sie das ganze über den Duschkopf und befestigen Sie es mit einem Gummiringerl oder einer Schnur. Über Nacht einwirken lassen. Nächsten Tag ist der Duschkopf wieder blitzblank und er muss nicht abgeschraubt werden.

- **Kratzer von Möbeln wirksam entfernen**
  Einfach mit einer Walnuss über das zerkratzte Möbelstück darüber reiben, schon ist der Kratzer verschwunden.

- **Effektive Toilettenreinigung mit Cola**
  Leeren Sie eine Dose Cola in die Toilettenschüssel und lassen Sie das Cola eine Stunde einwirken, dann sauber spülen. Die Ascorbinsäure im Cola entfernt die Rückstände von der Keramik.

- **Schmierfett aus der Kleidung entfernen**
  Leeren Sie eine Dose Cola in die Wäscheladung, fügen Sie normalen Reiniger bei und schalten Sie das normale Programm ein.

- Putzmittel erhalten Sie günstig online bei www.postenprofis.com

- **Reinigung von Polstermöbeln**
  Zur normalen Reinigung nimmt man normalen Essig. Bei stark verschmutzten Polstern nimmt man Rasierschaum.

- **Holzfußböden reinigt** man am besten mit schwarzem, kaltem Tee.

- **Fliesen reinigt man am besten:**
  Kalkränder auf den Fliesen mit Essig einreiben. Zur Reinigung ein mildes Geschirrspülmittel nehmen. Wenn die Fliesen trocken sind, geben Sie ein paar Tropfen Speiseöl auf ein weiches Tuch geben und damit die Fliesen polieren

- **Glänzende Fliesen bekommt man,** wenn man dem Waschwasser normales Haarshampoo hinzufügt.

- **Waschbecken und Wanne bleiben länger sauber,** wenn man sie nach dem Putzen mit Weichspüler einreibt. Das Wasser perlt dadurch ab.

- **Ausrutschen in der Badewanne verhindert man,** indem man ein Handtuch in die Wanne legt.

- **Brausekopf der Dusche verstopft?**
  Vermischen Sie einen Teil Wasser und einen Teil Essig und kochen Sie das Ganze ca. 15 Minuten.

- **Bürsten und Kämme reinigt man am besten** mit Rasierschaum. Kurz einwirken lassen und ausspülen.

- **Quietschende Türen** schmiert man mit Vaseline ein und nicht mit Öl, da Öl zu rasch austrocknet.

- **Fenster putzt man am besten und günstigsten,** wenn man einen Esslöffel Essig ins Wasser gibt.

- **Waschmaschine reinigen**
  Alle 3 Monate einen leeren Spülgang laufen lassen und dem Wasser einen Liter Essig hinzugeben. So bleibt die Trommel und der Heizstab frei von Kalk.

- **Günstige Alternativen zu Fensterputzmitteln**
  Zum Fenster putzen eignet sich hervorragend verdünnter Tee. Weiters ein gutes Rezept für ein Fensterputzmittel: Ein Liter Wasser, ein Esslöffel Spülmittel und ein Esslöffel Spiritus.

- **Abflussrohre bleiben frei,** wenn man manchmal kochend heißes Kartoffelwasser in den Abfluss leert.

- **Buttermilch eignet sich hervorragend zu Reinigung** von Kalkflecken in der Badewanne oder im Waschbecken.

- **Obstflecken aus Kleidungsstücken** entfernt man auch effektiv mit Buttermilch. Dazu Buttermilch ca. 1 Stunde in der Kleidung einwirken lassen, dann auswaschen.

- **Alles-und Superkleberflecken** entfernt man am besten mit Nagellackentferner.

- **Rotweinflecken auf dem Sofa oder auf dem Teppich** entfernt am besten mit Rasierschaum. Einwirken lassen und wegschrubben.

- **Gulaschflecken entfernt man am besten,** wenn man die Flecken mit Spülmittel gut putzt.

- **Beim Bügeln leicht verbrannte Stellen** lassen sich entfernen, wenn man die verbrannte Stelle mit Zitronensaft und viel Staubzucker, auswäscht oder sofort mit Essig einreibt.

- **Rostflecken an der Kleidung entfernt man,** indem man die rostige Stelle mit Wasser nassem Backpulver einreibt und danach normal auswäscht.

- **Teerflecken in weißen oder farbigen Stoffen** bemalt man mit Eigelb und wäscht es nach ein paar Stunden Einwirkzeit normal aus.

- **Staubsaugersäcke** unten aufschneiden, entleeren und unten wieder zusammen heften.

- **Verwenden Sie nur die halben Mengenangaben** bei Waschmittel und Geschirrspültabs. Bei leicht dreckigem Geschirr reicht sogar ein Viertel.

- Verdünnen Sie Ihr Geschirrspülmittel, Shampoo und Duschgel.

- **Teure Spezialputzmittel** für Bad, WC, Boden, Küche, etc...sind nicht notwendig. Meist genügt ein einfacher Allzweckreiniger. Noch umweltschonender und billiger sind Essig, Schmierseife und Kernseife.

- **Fensterputzen** funktioniert auch super mit klarem Wasser. Bei stark schmutzigen Scheiben geben Sie dem Wasser etwas Essig bei.

- **Um das Klo zu reinigen**, reicht meist Essigwasser.

- **Frischer Duft in der Wohnung entsteht beim Staubsaugen**, wenn man ein Stück Watte in Parfüm oder Rasierwasser tränkt und es in den Staubsauger saugt.

- **Unangenehmer Geruch im Raum** verschwindet, wenn man ein Lorbeerblatt verbrennt.

- **Hat jemand im Zimmer geraucht**, so hängen Sie über Nacht nasse Tücher auf, und der Geruch wird verschwinden.

- **Riecht es in einer Wohnung muffig**, legt man Orangen- oder Zitronenschalen in den Ofen.

- **Unerwünschte Gerüche im Kühlschrank:** Eine Schale Kaffeebohnen oder frisch gemahlener Kaffee wirkt Wunder.

- **Entkalken von Küchengeräten** (Wasserkocher, Kaffeemaschinen, etc..) eignet sich hervorragend Zitronensäure und Essig.

- **Beim Bügeln etwas Weichspüler** in das Wasser geben, dann geht das Bügeln leichter.

- **Essig als Klarspüler.** Verwenden Sie Essig als Klarspüler. Ihr Geschirr wird wieder fantastisch glänzen.

- **Waschmaschine** - keine verstopften Abläufe mehr. Damit keine Wollreste den Ablauf Ihrer Waschmaschine verstopfen, geben Sie einen alten Nylon Strumpf über den Schlauch und befestigen Sie diesen mit einem großem Gummiband.

- **Besen kann man wieder in Form bringen,** indem man die Borsten mit einem langen Gummiband zusammen hält.

- **Bierflecken** wäscht man bei Wolle mit lauwarmen Wasser, bei Seide mit verdünntem Spiritus aus.

- **Fällt der Besen immer um...**
  Das passiert nicht mehr, wenn man die Finger von alten Gummihandschuhen abschneidet und oben über den Besenstiel zieht.

- **Glassplitter** lassen sich leicht mit Watte aufnehmen

- **Hart geworden Pinsel** werden wieder gebrauchsfähig wenn man die Borsten mit einem Hammer locker klopft. Anschließend mit Schmierseife einreiben. 24 Stunden liegen lassen und anschließend mit warmen Sodawasser ausspülen.

- **Kaugummi** lässt sich von der Kleidung leichter entfernen, wenn man den Stoff für ein paar Stunden ins Gefrierfach legt. Ohne zu kleben, lässt sich der erstarrte, brüchige Kaugummi entfernen.

- **Kugelschreiberflecken** mit Spiritus lösen und dann den Stoff kochen.

- **Lippenstiftflecken** mit Glycerin einreiben und auswaschen.

- **Rostflecken** lassen sich mit Zitronensaft entfernen.

- **Schweißflecken** am besten mit Essig auswaschen.

- **Wachsflecken** zwischen zwei Blatt Löschpapier ausbügeln.

# 3 Die besten Geldspartipps für Blumen und Pflanzen

- **Pflanzendünger**
  Pflanzen lieben es, mit Regenwasser gegossen zu werden.
  Regenwasser auffangen und die Pflanzen damit gießen. Auch aufgetauten Schnee haben Zimmerpflanzen gerne.

- **Pflanzendünger**
  Nehmen Sie Wasser, indem Eier gekocht wurden, und gießen Sie damit Ihre Pflanzen. Sie können auch nachträglich die Eierschalen in das Gießwasser geben.
  Dieses Wasser ist besonders reich an Mineralstoffen.

- **Pflanzendünger**
  Kaffeesatz, abgestandener Schwarztee und Kartoffelwasser sind hervorragende Pflanzendünger.

- **Blumenwasser**
  Gießen Sie Blumen generell mit Wasser das mindestens 24 Stunden alt ist.
  Verwenden Sie am besten nie frisches Leitungswasser.

- **Wasserbäder für Pflanzen**
  Dieser Tipp ist bei Orchideen sehr beliebt. Tauchen Sie die Pflanze solange ins Wasser, bis kein Bläschen mehr aufsteigt. Nachher gut abtrocknen.
  Im Winter sollen die Pflanzen nicht mit der Fensterscheibe in Berührung kommen.
  Daher werden die Blumen im Winter sehr oft kaputt.

- **Blumen halten länger,** wenn man abgeblühte und kaputte Blätter entfernt.

- **Amaryllis halten länger,** wenn man das Stielende mit einem Klebeband umwickelt.

- **Flieder in der Vase hält länger,** wenn man ihn täglich mit Wasser besprüht.

- **Gerberas halten länger,** wenn man die Blumenvase nur zu einem Drittel mit Wasser füllt und man sollte ihnen täglich neues Wasser verabreichen.

- **Lilien halten länger,** wenn man die Staubbeutel entfernt.

- **Orchideen lieben warmes Wasser,** aber in der Nacht haben sie es lieber kalt.

- **Tannenzweige halten länger,** wenn man sie schräg anschneidet, in einen Becher mit Wasser stellt, bis sie das Wasser in sich aufgenommen haben. Anschließend versiegelt man die Schnittflächen mit flüssigem Wachs einer Kerze.

- **Blumensträuße halten länger, wenn man** vor dem verschenken die Stiele in geschmolzenes Wachs taucht und den Strauß in feuchtes Papier einwickelt. Der Beschenkte soll die Stielenden abschneiden und den Blumenstrauß in lauwarmes Wasser geben.

  - **Schnittblumen halten länger,** wenn man in das Blumenwasser Kupfermünzen, Zuckerwürfel, Aspirin, Essig oder Salz gibt.

- **Feinde von Blumensträußen sind:** Sonnenstrahlen, Ofennähe, Zugluft.

- **Geknickte Blumenstiele kann man retten,** indem man die geknickte Stelle mit einem Klebestreifen umwickelt.

- **Blattläuse vernichtet man,** indem man 100 Gramm Brennnesseln mit 1 Liter Wasser 24 Stunden vermischt stehen lässt. Das Wasser auf die Pflanzen spritzen.

- **Blattläuse vernichtet man,** indem man Zündhölzer mit dem Kopf nach unten in die Erde im Blumentopf steckt. Die Pflanze nimmt den Schwefel auf.

- **Noch ein Tipp gegen Blattläuse**
Geben Sie den Schaum eines Geschirrspülmittels auf die befallenen Blätter. Ist der Schaum zerfallen, sind die Blattläuse tot. Die Pflanzen dann mit sauberem Wasser abwaschen.

- **Duschwasser für die Blumen**
Bis warmes Wasser aus der Dusche kommt, dauert es. Man fängt das kalte Wasser im Kübel auf und nutzt es zum Blumengießen.

- **Vasen reinigt man innen** mit gesalzenem Essigwasser. Gut durchschütteln und nachspülen.

- Deckel zerbrochener Einmachgläser sind bestens als Blumentopfuntersetzer verwendbar.

# 4 Die besten Geldspartipps rund ums Thema "Reisen"

- **Last Minute Angebote überprüfen**
  Sehen Sie sich Last Minute Angebote gut an. Nicht jede Reise ist wirklich ein Schnäppchen. Im Allgemeinen sollte der Preis zwei bis vier Wochen vor dem Termin um bis zu 60 Prozent gegenüber dem normalen Katalogpreis fallen.

- **Frühbucherrabatte nutzen**
  Frühbucherrabatte bekommt man für die Sommerferien am besten bis Ende März. Dies zahlt sich am besten aus für Familien mit Kindern, die an die Schulferien im Sommer gebunden sind.

- **Internet Tipp**
  Auf www.flyloco.de finden Sie die optimale Kombination von preiswerten Flügen und Hotels.

- **Suche Sie nach Reiserestposten.**
  Auf www.restplatzboerse.at finden Sie interessante Angebote zu Restplätzen. Erkundigen Sie sich aber vorher im Reisebüro immer nach dem normalen Preis.

# 5 Die besten Geldspartipps "Kleider machen Leute"

- **Strumpfhosen halten länger**
  Nylonstrumphosen halten länger wenn man diese vor dem ersten tragen über Nacht in der Verpackung in die Gefriertruhe legt.

- **Markenkleidung günstig kaufen**
  Auf www.dress-for-less.de finden Sie eine interessante Auswahl an günstigen Markenmode.

- **Katzen- und Hundehaare, entfernt man von Kleidung am** besten mit einem feuchten Schwamm.

- **Reißverschlüsse, die schwer auf und zu gehen,** reibt man mit einer Wachskerze ein, dann gehen sie wieder leicht auf und zu.

- **Klemmender Reißverschluss:**
  Reiben Sie die Zähne des Reißverschlusses mit einem Bleistift ab.

- **Kaugummi in Kleidungsstücken bekommt man wieder heraus,** indem man ihn solange mit einem Eiswürfel bestreicht, bis er hart geworden ist.
  Nun kann man ihn rausnehmen. Das Kleidungsstück kann auch eingefroren werden.

- **Farben bei der Kleidung ausgewaschen?**
  Spülen Sie die Kleidung mit einem Teil Essig und 2 Teilen Wasser nach, das frischt die Farben wieder auf.

- **Schlafanzüge mit Füßen, die zu klein geworden sind,** kann man weiterverwenden, wenn man die Füße abschneidet.

- **Fäustlinge selbstgemacht**
  Nehmen Sie einen alten Winter Pullover und legen Sie Ihre Hand darauf. Zeichnen Sie die Form der Hand nach. Dann schneiden Sie die Form Ihrer Hand aus. Beide Teile zusammennähen und bügeln, schon sind die Fäustlinge oder auch Fausthandschuhe genannt, fertig.

- **Alte T-Shirts eignen sich noch dazu als Schutz** für Mäntel, Winterjacken und Sakkos. Einfach darüber geben.

- Um ihren **Kleidungsschrank zu beduften**, geben Sie eine geöffnete Packung Duftteelichter in den Schrank. Auch sehr zu empfehlen für Schuhschränke.

# 6 Die besten Geldspartipps rund um EDV und Computer

- **Computer gebraucht kaufen**
  Auf www.pcbilliger.de finden Sie tolle gebrauchte Computer für den privaten Bedarf.

- **Festplatte beschädigt oder die Daten weg?**
  Die Firma www.mss-media.com hat sich auf die Lösung solcher Probleme spezialisiert.

- **Kostenlose Software**
  Finden Sie unter: www.chip.de, www.freeware.de, www.shareware.de.

- **Günstige Toner und Druckertinte**
  Unter www.inkclub.com und www.tonershop.at finden Sie günstige Tinte für Ihren Drucker.

# 7 Die besten Geldspartipps bei Haustieren

- **Bei Hunde- und Katzenfutter gibt es immer Angebote**, es zahlt sich aus darauf zu achten und die Menüwahl den Angeboten anzupassen.

- **Großpackungen** sind beim Futter nicht immer am billigsten.

- **Hunde lieben Nudeln und Reis.**
  Diese können unter die Futtermittel gemischt werden. Nudeln und Reis sind oft billig zu erwerben, sodass diese Mischungen günstiger kommen, als reines Hundefutter.

- **Einige Supermärkte bieten abgelaufene Ware** als Hunde- und Katzenfutter an. Das bringt Abwechslung und ist besonders günstig.

- **Rindsknochen** gibt es günstig zu kaufen. Wenn Sie ohnehin eine Rindssuppe kochen, geben Sie etwas mehr Knochen hinzu. Ihr Hund wird sich freuen und diese ersetzen teure Zahnputzkauknochen.

- Kaufen Sie Wurmtabletten in Großpackungen beim Tierarzt.

- **Spielzeug für Ihren Hund** können Sie am Flohmarkt beim Kinderspielzeug billigst finden.

- **Große Säcke mit Trockenfutter** bewahrt man am besten in einem sauberen Abfallkübel mit Deckel auf.

- Wenn Ihre **Katze flüssige Medizin nicht einnehmen will**, so schütten sie etwas auf das Fell. Die Katze wird die Flüssigkeit instinktiv ablecken.

- Damit die **Katzen nicht das frische Saatbeet zerstören**, einfach frischgemahlenen Pfeffer streuen.

- **Günstiges Katzenspielzeug.** Zerknüllen Sie ein Stück Alufolie zu einer Kugel.

- Getrocknete Melonen und Kürbiskerne sind gutes und **billiges Vogelfutter.**

- **Katzen kann man gut erziehen:** Wenn Ihre Katze etwas Verbotenes tut, so bespritzen Sie sie mit einer Wasserpistole.

- Ihre **Katze wird mit dem Fressen nicht mehr so wählerisch** sein, wenn Sie die Nahrung mit ein bisschen Öl von einem Dosenfisch übergießen.

- **Spröde Gummidichtungen werden wieder weich,** wenn man sie über Nacht in einem normalen Weichspüler für Wäsche legt.
  Gilt für alle Gummidichtungen, nicht nur fürs Auto.

- **Windschutzscheibe vereist – Alternative zur Folie**
  Legen Sie anstatt der teuren Folie ein normales Mikrofasertuch auf Ihre Windschutzscheibe.

- **Rostige Schrauben lösen**
  Legen Sie für einige Minuten ein in Cola getränktes Stück Stoff auf die rostige Schraube.

- **Trichter selber anfertigen**
  Fertigen Sie sich einen Trichter zum nachfüllen von Scheibenputzmittel selber an.
  Nehmen Sie dazu eine Plastikflasche Cola oder Mineralwasser und schneiden das Ganze in der Mitte auseinander. Den Oberteil können Sie nun wunderbar als Trichter verwenden.
  Fertigen Sie sich einen solchen Trichter auch für den Haushalt an.

- **Gebrauchtwagen, der ca. 2 Jahre alt ist, kaufen**
  Der Wertverlust eines Autos ist in den ersten beiden Jahren am höchsten. Darum ist es empfehlenswert, ein ca. 2 Jahre altes Auto zu kaufen.

- **Vor der Fahrt**
  Empfehle ich Ihnen, alles unnötige, was Sie nicht unbedingt brauchen, aus dem Auto auszuräumen. Jedes Kilo zu viel benötigt unnötig Treibstoff.

- **Überprüfen Sie den Reifendruck**
  Ein zu niedriger Reifendruck erhöht den Spritverbrauch. Sa ist es besser, wenn der Reifendruck
  lieber etwas zu hoch ist.

- **Während der Fahrt**
  Am besten immer vorausschauend mit niedriger
  Drehzahl fahren. Nehmen Sie den Fuß vom Gaspe-
  dal und lassen Sie das Auto ausrollen.

- Fahren Sie auf der Autobahn mit gleichbleibender
  Geschwindigkeit, z.B.: 130 Km/h.

- **Tageslicht beim Auto ausschalten**
  Jedes elektrische Gerät im Auto erhöht automatisch
  den Spritverbrauch, sei es Tageslicht, Radio, Klima-
  anlage, etc....

- **Auto an der Baustellenampel abstellen**
  Falls Sie länger als eine Minute stehen bleiben,
  schalten Sie den Motor aus.

- **Auto kaufen**
  Schreiben Sie eine E-Mail an alle Autohändler, die
  Ihre gewünschte Automarke führen.
  Geben Sie genau an, was Sie suchen ( Modell, Far-
  be, und alle möglichen Spezialwünsche).

- **Auto bei Regen waschen**
  Ziehen Sie sich wasserfest an und waschen Sie Ihr
  Auto, wenn es regnet. Sie sparen sich nicht nur das
  Wasser sondern haben auch erfrischende Bewe-
  gung an der frischen Luft.

- **Auto innen reinigen**
  Ein günstiger Reiniger für die Armaturen ist: Nehmen Sie zwei Esslöffel Natron und einen halben Liter warmes Wasser.

- **Scheibenwischer abgenutzt**? Reiben Sie mit Schleifpapier kräftig darüber und diese sind wieder wie neu.

# 9 Die besten Geldspartipps im Büro

- **Laminieren ohne Laminiergerät**
  Nehmen Sie dazu einfach ein Bügeleisen. Legen Sie Seiden- oder Backpapier auf ein Bügelbrett und fixieren Sie es so, dass es nicht verrutschen kann. Darauf kommt nun die Laminierfolie. Darauf legen Sie nun das Foto oder Dokument dass Sie laminieren möchten. Darauf legen Sie wieder Laminierfolie. Zum Schluss kommt noch Seiden- oder Backpapier. Jetzt wird das Bügeleisen bei mittlerer Einstellung auf das zu laminierende Stück gedrückt. Wichtig: nicht hin und her bewegen.

- **Druckertinte wischfest machen**
  Falls Sie Etiketten ausdrucken, so verwenden Sie anstatt teurem Fixierspray einfach billigen Haarspray.

- **Leere Druckerpatrone – Rest verwenden**
  Mit einer leeren Druckerpatrone kann man noch ein paar Seiten drucken, wenn man diese aus dem Drucker herausnimmt und gut durchschüttelt.

- **Kaffeemaschine günstig entkalken**
  Lassen Sie eine Mischung (1:1) aus Wasser und Essig durchlaufen, danach lassen Sie mehrmals normales Wasser durchlaufen.

- **Alte Schulhefte und Werbezettel, die nur einseitig bedruckt sind,** zusammen heften oder mit Leim zusammen kleben- schon haben Sie einen neuen Block

- **Stumpfe Scheren werden wieder scharf**, wenn man damit feines Schleifpapier schneidet.

# 10 Die besten Geldspartipps für Hygiene und Kosmetik

- **Rasierreiniger durch Scheibenfrostschutz ersetzen**
  Anstatt der teuren Spezialflüssigkeit bei Rasierstationen können Sie normalen Scheibenfrostschutz fürs Auto verwenden. Der Scheibenfrostschutz soll auf ca. 8 Grad verdünnt werden, da so die optimale Reinigungswirkung erzielt wird.

- **Hautcremen verlängern**
  Hautcremen kann man „strecken", indem man hochwertiges Olivenöl dazu mischt.

- **Melkfett statt teurer Hautcremen**
  Melkfett eignet sich für den ganzen Körper und macht die Haut zart und glatt.
  Man kann es auch als Bräunungsmittel beim Sonnenbad verwenden.

- **Alternative zur Nagelfeile**
  Keine Nagelfeile zur Hand? Besorgen Sie sich feines Schleifpapier aus dem Baumarkt.

- **Rest aus dem Deoroller verwenden**
  Bei Deo-Rollern bleibt relativ viel Rest drinnen. Kugel mit einem Schraubenzieher rausnehmen und den Rest verwenden.

- **Zahnpasta sparen – besser dosieren**
  Lassen Sie die Hersteller-Folie oben und stechen Sie mit einem spitzem Gegenstand (z.B.: Zahnstocher) ein kleines Loch hinein.

- **Neue Zahnbürsten halten länger,** wenn man Sie vor Gebrauch einen Tag lang mit den Borsten ins Wasser stellt.

- **Aufgesprungene Lippen** heilen wieder, wenn man diese mit Butter oder Honig bestreicht.

- **Billige Bräunungscreme**
  Reiben Sie Ihren Körper täglich mit Karottensaft ein. So können Sie auch Ihre bereits bestehende Bräune erhalten.

- **Handreinigung Vorsorge**
  Reiben Sie vor schmutziger Arbeit Ihre Hände mit Essig ein. Die Poren schließen sich und die Reinigung ist nach der Arbeit viel leichter.

- **Fingernägel zu weich?**
  Reiben Sie diese täglich mit Zitronensaft ein.

- **Brüchige Fingernägel**
  Dem Körper fehlt meistens Vitamin B. Dieses ist in den Lebensmitteln Milch, Fleisch, Käse und Eiern enthalten.

- **Brüchige Fingernägel werden wieder hart und brechen nicht so schnell,** wenn man sie täglich fünf bis zehn Minuten in einer Mischung aus warmen Olivenöl und Zitronensaft badet.

- **Fingernagel eingerissen?**
  Nehmen Sie einen Teebeutel und reißen Sie ein passendes Stückchen Papier davon ab. Geben Sie farblosen Nagellack auf das Papier und drücken Sie es auf die eingerissene Stelle.

- **Eiter beim Zehennagelbett**
  Machen Sie Milch heiß und baden Sie die entzünde-te Stelle mindestens 10 Minuten darin. Legen Sie danach eine gut zerkaute Brotrinde auf.

- **Preise notieren**
  Notieren Sie bei Gebrauchsartikel, die Sie ständig brauchen die Preise.
  Bei Gebrauchsartikel meine ich: Zahnpasta, Klo Pa-pier, Taschentücher, Putzmittel, Deo, Duschgel, Sei-fe, Shampoo, Spülmittel, etc...

- Bei Einkäufen in Drogerien oder Apotheken immer nach Proben fragen.

- **Zahnpasta und andere Tuben aufschneiden.** Es ist noch ein beachtlicher Rest zum Verbrauchen drinnen.

- **Natürliches Schuppenshampoo**
  Eigelb mit Zitronensaft verquirlen und in die Kopf-haut einreiben. Gut 10 Minuten einwirken lassen, dann gründlich ausspülen. Regelmäßig angewandt, verschwinden die Schuppen.

- **Fette Haare**
  Zitrone hilft gegen fette Haare. Den Saft von zwei Zitronen in einem Viertelliter Wasser auflösen und die Haare nach dem Waschen damit spülen.

- **Brüchige, trockene Haare** werden mit einem Ei-Shampoo wieder geschmeidig. Dazu ein Eigelb ver-quirlen, einmassieren und fünf Minuten wirken las-sen. Dann ausspülen.

- **Hühneraugen**
  Gegen Hühneraugen hilft eine frische Zwiebel. Eine dicke Scheibe auf das Hühnerauge binden und einwirken lassen, bis die Haut weich ist. Danach ein heißes Fußbad nehmen. Bis sich das Auge ( der Kern des Hühnerauges) löst, wird die Zwiebeltherapie täglich wiederholt.

- **Fußpilz**
  Gegen Fußpilz mehrmals täglich Apfelessig in die betroffenen Stellen ( vor allem zwischen die Zehen) einreiben.

- **Eingewachsene Nägel** müssen erst weich werden, bevor man sie schneiden kann. Dazu ein Reinigungspad in warmes Olivenöl tunken und über Nacht die betroffene Stelle damit umwickeln.

- **Gegen hartnäckigen Schmutz nach der Gartenarbeit** hilft eine Waschpaste aus Salz und Spülmittel.

# 11 Die besten Geldspartipps für Hobby und Freizeit

- **Luftmatratzen aufpumpen**
  Zum Aufpumpen von Luftmatratzen benötigt man keine teure Pumpe, es genügt ein einfacher Haarföhn.

- **Schuhe und Kleidung kaufen Sie günstiger,** wenn Sie nach den Modellen und Kollektion des letzten Jahpres fragen.

- **Nutzen Sie Online Versteigerungen und Gebrauchtwaren**
  Bei www.ebay.de, www.amazon.de, willhaben.at usw. bekommen Sie neue oder neuwertige Produkte erheblich unter dem Neupreis. Beachten Sie jedoch auch die Versandspesen.

- **Kinokarten gibt es günstiger** an sogenannten Kinotagen. Hier sind Ersparnisse um bis zu 50 Prozent möglich

- **Einkaufen im Internet – Sparen mit Gutscheinen**
  Falls Sie öfters im Internet einkaufen, so empfehle ich Ihnen die Webseiten "www.gutscheinpony.de" und www.gutschein.at. Diese Seiten durchsuchen laufend das Internet auf Gutscheine und Rabatte.

- **Antizyklisch kaufen**
  Achten Sie darauf, welche Waren Sie außerhalb der Saison kaufen können. Zum Beispiel Weihnachtskugeln sind nach Weihnachten am billigsten, Griller sind im Winter am billigsten, Fondue Sets sind günstiger im Sommer zu bekommen.

- **Überprüfen Sie alle 6 Monate Ihre Abos und Mitgliedschaften** bei Vereinen, bei denen Sie nur zahlendes Mitglied sind und schon lange austreten wollen. Kündigen Sie diese Abos und treten Sie aus den unnötigen Vereinen aus.

- **Kein Korkenzieher zur Hand:** Lassen Sie über den Flaschenhals heißes Wasser laufen. Die warme Luft treibt so den Korken heraus.

- **Wachs von Duftkerzen weiter verwenden.** Bei Duftkerzen bleibt immer ein Rest. Geben Sie diesen in eine Schale aus Glas und stellen Sie dieses auf den Heizkörper. Ihr Raum wird wunderbar beduftet.

- **Vaseline gegen Rost:** Wozu teuren Rostschutz kaufen? Vaseline einfach auf die Speichen des Fahrrades geben. Das hält Feuchtigkeit ebenso ab.

# 12 Die besten Geldspartipps zum Strom / Wasser / Energie sparen im Haushalt

- **Kühlschrank- der leise Stromfresser**
  Der Kühlschrank sollte immer frei stehen, am besten nicht neben anderen Elektrogeräten oder direkt an einer Wand. Somit sollte ein Hitzestau vermieden werden.

- **Gummidichtungen beim Kühlschrank regelmäßig überprüfen**
  Falls diese defekt sind, verliert der Kühlschrank zu viel Kälte und er kühlt ununterbrochen.

- **Bei längerer Abwesenheit im Haus** – Kühlschrank leeren, ausschalten und offen stehen lassen.

- **Thermometer in den Kühlschrank legen** – Die optimale Temperatur liegt bei 7-8 Grad.

- Lebensmittel zum Auftauen ganz oben in den Kühlschrank geben. So wird die Kälte zum Kühlen genutzt und die Lebensmittel tauen trotzdem auf.

- **Lassen Sie Ihre Elektrogeräte nicht im Standby - Betrieb laufen.**
  Stecken Sie Ihre Elektrogeräte komplett aus. Im Standby Modus benötigt das Gerät weiterhin sehr viel Strom.

- **Wechseln Sie den Stromanbieter**
  Seit ein paar Jahren ist das Monopol der Stromanbieter gefallen, sodass Sie sich den Stromanbieter selber aussuchen können. Auf www.durchblicker.at können Sie die Strompreis Anbieter in Österreich vergleichen.

- **Senken Sie Ihre Raumtemperatur**
  Ein Temperaturunterschied von einem Grad Celsius weniger in der Wohnung senkt die Heizkosten um ca. 5 Prozent.

- **Lassen Sie in der kalten Jahreszeit Ihre Räume nie komplett auskühlen.**
  Halten Sie Ihre Raumtemperatur konstant. Das Durchheizen der Wohnung ist günstiger, als die Räume auskühlen zu lassen und dann neu einzuheizen.

- **In der Nacht Jalousien und Rollläden herunter lassen.**
  Sie speichern dadurch die Wärme, die sonst durch die Scheiben verloren geht.
  Ersparnis bis zu 10 Prozent.

- **Türen und Fenster auf Dichtung überprüfen.**
  Überprüfen Sie die Türen und Fenster Ihrer Wohnung, ob diese wirklich dicht schließen.
  Falls nicht, besorgen Sie sich aus dem Baumarkt Dichtungsbänder, mit dem Sie die undichten Stellen schließen können.

- **Achten Sie auf zugebaute Heizkörper.**
  Stellen Sie niemals Möbel vor Ihrem Heizkörper. Dies verursacht zusätzliche Heizkosten.

- **Der größte Wasserverbraucher im Haus ist das WC.**
  Nutzen Sie entweder die Spartaste oder die Stopp Funktion Ihres Spülkastens.

- **Viereckige Plastikbehälter lassen sich in der Gefriertruhe super stapeln.** Verwenden Sie Rama oder Eisbehälter. Unbedingt mit Datum und Inhalt beschriften.

- Duschen ist billiger als baden.

- **Falls Sie gerne baden,** wenn Ihnen kalt ist, nehmen Sie ein Fußbad. Sie haben den selben Körperwärme-Effekt und brauchen viel weniger Wasser als beim normalen baden.

- Im Schlafzimmer reichen Temperaturen von 16 bis 18 Grad.

- **Einmal jährlich die Heizkörper entlüften,** damit das Heizsystem besser zirkulieren kann

- **Richtig lüften:** Fenster ganz, aber nur kurz lüften. 2 bis 5 mal täglich. Ca. 5-10 Minuten pro Raum. Fenster kippen ist nicht optimal.

- **Wenn wenig Geschirr zum Abwaschen vorhanden ist,** dann waschen Sie im Kochtopf ab. Das erspart viel Wasser gegenüber dem Abwaschbecken.

- Bewegungsmelder und Zeitschaltuhren sparen Energie.

- **Nebenräume und Gänge** müssen nicht durchgehend beleuchtet werden.

- Teller kann man super vorwärmen, indem man diese am Ende des Kochvorganges als Deckel verwendet.

- **Solarlicht als Nachtlicht.** Solarlicht kann man wunderbar als Nachtlicht verwenden. Tagsüber einfach auf der Fensterbank aufladen, in der Nacht am gewünschten Ort platzieren.

- **Uhren-Batterien halten länger.** Wenn man eine Uhr länger nicht benötigt, zieht man den Stift (Aufziehschraube) heraus, sodass die Uhr stehen bleibt. Wenn man nach ein paar Wochen oder Monaten die Uhr wieder tragen möchte, einfach einstellen und Stift reindrücken.

- **Heizen mit Farbe.** Streichen Sie die Wände in Ihrer Wohnung mit warmen Farben wie rot oder orange. Dadurch steigt die gefühlte Raumtemperatur gleich um ein paar Grad.

- **Die Geschirrspülmaschine braucht vor allem beim trocknen viel Strom.** Das Geschirr am besten in der Maschine waschen. Nach dem Waschgang abschalten, die Türe öffnen und das Geschirr an der Luft trocknen lassen.

- Geschirrspüler erst dann einschalten, wenn er ganz voll ist. Nur so wird dieser effizient genutzt.

- Kleider, wenn möglich, in der Waschmaschine mit 30 Grad waschen.

- **Auch den Wäschetrockner nur** verwenden, wenn dieser voll ausgenutzt ist.

- **Beim Kochen immer einen Deckel** für den Kochtopf verwenden. Ohne Kochdeckel wird 3mal so viel Energie verschwendet.

- **Restwärme beim Herd ausnutzen.** Eventuell Wasser für ein Fußbad zustellen.

# 13 Die besten Geldspartipps für die Gesundheit und bewährte Hausmittel

Es muss nicht immer gleich ein chemisches Medikament sein...

- **Schlaflosigkeit**
Machen Sie sich einen Apfelschalentee. Einige Äpfel schälen und die Schalen trocknen lassen. Diese dann in Wasser aufkochen und auf Wunsch mit Honig süßen. Vor dem Schlafen gehen 2 Tassen davon trinken.

- **Schlaflosigkeit**
Schälen Sie eine Zwiebel und erwärmen Sie diese in einem Glas Milch ohne das Ganze aufzukochen. Zwiebel weggeben oder essen und die Milch vor dem schlafen gehen trinken.

- **Schlaflosigkeit**
Trinken Sie ein Häferl warme Milch mit zwei Teelöffeln Honig.

- **Schlaflosigkeit**
Machen Sie sich ein beruhigendes Salzwasser Fußbad. Geben Sie ein paar Hände Salz ins Wasser und baden Sie darin Ihre Füße. Die Wirkung wird verstärkt wenn Sie den Saft einer Zitrone dazugeben.

- **Schutz vor Erkältungen**
Gehen Sie täglich eine halbe Stunde an der frischen Luft spazieren. Atmen Sie tief ein und aus. Körper abhärten durch Wechselduschen, viel Obst und Gemüse essen.

- **Husten**
  Schneiden Sie eine rohe Zwiebel in Scheiben. Geben Sie Honig darüber und lassen Sie die Zwiebel ein paar Stunden stehen. Es bildet sich ein Sirup, den Sie mit dem Teelöffel einnehmen sollten.

- **Hustensaft selber herstellen**
  Pflücken Sie die frischen Triebe von Fichtenbäumen. Legen Sie in ein großes Glas eine Schicht hinein und leeren Sie darüber etwas Kristallzucker. Füllen Sie das Glas auf diese Weise. Stellen Sie das Glas ans sonnige Fenster bis sich alles zersetzt hat. Durch ein Tuch pressen, und schon ist der Hustensaft fertig.

- **Husten**
  Lösen Sie in einer Tasse heißer Milch einen Esslöffel Honig auf. Trinken Sie am Morgen eine Tasse und am Abend eine Tasse so heiß wie möglich.

- **Schnupfen**
  Geben Sie den Saft einer Zitrone in die Hand und saugen Sie das Ganze 3-mal täglich mit der Nase auf.

- **Halsschmerzen**
  Gurgeln Sie mit offenen Salbeitee.

- **Ohrenschmerzen**
  Legen Sie sich Zwiebelringe auf das Ohr und legen Sie ein trockenes Tuch darüber.
  Die Zwiebel wird den Schmerz aus dem Ohr ziehen.

- **Ischias und Rheuma**
  Machen Sie eine Milchkur. Trinken Sie zwei Wochen vor dem Frühstück einen halben Liter warme Milch.

- **Rheuma**
  Pflücken Sie täglich frische Brennnessel und klopfen Sie damit auf die schmerzenden Gelenke. Machen Sie dies den ganzen Sommer über.

- **Rheuma und Gicht**
  Trinken Sie Brennesseltee.

- **Entzündungen der Gelenke und Ischias**
  Machen Sie sich einen Senfumschlag. Dazu geben Sie etwas Senf auf ein Tuch und legen es auf die entzündete Stelle für ca. 5 Minuten. Beginnt die Haut zu brennen und zu jucken, den Umschlag abnehmen und die Körperstelle mit warmem Wasser abwaschen.

- **Venenentzündung**
  Legen Sie gekühlten Topfen auf die Entzündung, Dies lindert die Schmerzen und schützt vor Thrombose.

- **Sonnenbrand**
  Bestreichen Sie die verbrannte Stelle mit Eiweiß und lassen Sie es trocken. Das Ganze nicht abwaschen, sondern warten bis es abblättert.

- **Verdauungsbeschwerden**
  Essen Sie täglich am Morgen und am Abend eine kleine Schüssel voll ungezuckerter Heidelbeeren.

- **Verdauungsstörungen**
  Machen Sie sich ein 15 minütiges Fußbad mit 5 Liter Wasser und je 5 Teelöffel Salz und Apfelessig.

- **Verdauungsstörungen**
  Ein wahres Wundermittel bei Verdauungsstörungen sind Flohsamenschalen. 2-mal am Tag je einen Kaffeelöffel voll in Wasser einrühren und trinken. Erhältlich in der Apotheke und im Supermarkt.

- **Sodbrennen**
  Nehmen Sie etwas Natron ein. Sollte das Leiden länger dauern gehen Sie sofort zum Arzt.

- **Sodbrennen**
  Essen Sie Popcorn, diese saugt die überschüssige Magensäure auf. Weiters essen Sie ein paar Mandeln.

- **Sodbrennen**
  Geben Sie ein paar Tropfen Maggi auf den Handrücken und lecken dieses auf. Fasten Sie 24 Stunden und essen Sie dabei nur eine Zitrone.

- **Sodbrennen**
  Essen Sie drei Becher Joghurt und einige Esslöffel Haferflocken.

- **Sodbrennen**
  Trinken Sie auf nüchternen Magen den Saft einer rohen Kartoffel.

- **Durchfall**
  Essen Sie eine Karotte, die Sie in viel gesalzenem Wasser gekocht haben.

- **Magengeschwüre**
  Trinken Sie täglich mindestens 1 Liter Salbeitee, verteilt auf den ganzen Tag.

- **Schluckauf**
  Hierbei löst man den Krampf im Zwerchfell auf. Und zwar mit Luft anhalten oder lautem Lachen.

- **Schluckauf**
  Lassen Sie einen Teelöffel Zucker auf der Zunge zergehen.

- **Durchfall**
  Essen Sie alle zwei Stunden einen Teelöffel getrocknete Heidelbeeren.

- **Durchfall**
  Trinken Sie Cola und essen Sie Soletti.

- **Schwellungen nach Insektenstichen**
  Legen Sie einen Waschlappen mit Eiswürfeln auf. Aber nicht zu lange, sonst wird Ihre Körperstelle unterkühlt.

- **Juckende Insektenstiche** bestreicht man mit Zitronensaft. Dies lindert den Juckreiz.
  Auch Topfen auflegen wirkt heilsam.

- **Wirksames Mittel gegen Warzen**
  Schneiden Sie eine geschälte Zwiebel in Scheiben, legen das Ganze anschließend in ein ausgewaschenes Gurkenglas und geben eines Prise Salz dazu. Sobald daraus Saft entsteht, betupfen Sie Ihre Warze mit dem Saft.

- **Bei Warzen hilft auch** das Bestreichen der Warze mit Löwenzahnmilch.

- **Warzen**
  Legen Sie morgens und abends eine Scheibe von einer Knoblauchzehe oder einer Zwiebel auf.

- **Hühnerauge**
  Binden Sie eine Zwiebelscheibe auf das Hühnerauge und lassen Sie die Scheibe solange oben, bis sich das Hühnerauge von der Hornhaut löst.

- **Hausapotheke – Sparen beim Einkaufen**
  Fragen Sie bei teuren Medikamenten in Ihrer Apotheke nach Generika. Diese sind günstiger und haben dieselbe Wirkung.

- **Preise vergleichen mit Online-Apotheken.**
  Vergleichen Sie den Preis Ihres Medikamentes mit Preisen im Internet.

- **Bauchschmerzen**
  Dill fördert die Verdauung, wenn man die Früchte als Tee trinkt.

- **Bauchschmerzen**
  Basilikum, als Tee aufgebrüht, lindert Bauchweh.

- **Bienen- und Insektenstiche**
  Hier hilft ein aufgelegter Salzbrei. Er mindert den Schmerz und verhindert ein Anschwellen.

- **Mundgeruch**
  Petersilie, Anis- und Kaffeebohnen kauen kann den Mundgeruch mindern.

- **Schlaflosigkeit**
  Zwiebeln in den Entsafter geben, vor dem Zubettgehen eine Tasse von dem rohen Zwiebelsaft. trinken.

- **Schnittwunden**
  Reinen Baumwollstoff in kochendes Wasser tauchen und auf die Wunde legen. Das Bluten hört sofort auf.

- **Empfindliches Zahnfleisch**
  Hier hilft das Spülen mit Salzwasser.

- **Zahnschmerzen**
  Legen Sie eine Gewürznelke auf den schmerzenden Zahn. Anschießend die Gewürznelke zerkauen: Die ätherischen Öle lindern den Schmerz.

# 14 Die besten Geldspartipps rund ums Telefonieren

- **Jeder Anruf beim Abhören der Mobilbox kostet Geld.** Nutzen Sie zum Abhören die billigeren Nebenzeiten.

- **Damit niemand auf Ihre Kosten telefonieren kann:** Schützen Sie Ihr Handy mit einer geheimen Pin-Nummer. Wie das geht steht in der Bedienungsanleitung.

- **Sollte das Handy verloren gehen,** sofort die SIM Karte sperren lassen.

- Den Akku vom Handy erst aufladen, wenn er wirklich leer ist. Dann hält er länger.

- **Wie ist Ihr Telefonverhalten?** Nach diesem sollten Sie sich für einen Vertrag oder eine Wertkarte entscheiden.

- **Gratis SMS versenden.** Bei Registrierung können Sie auf www.sms.at nach Registrierung im Monat 5 SMS Gratis versenden.

- **Gebührenvergleich.** Unter www.tarife.at können Sie Telefontarife vergleichen. Falls Sie wenig telefonieren, ist es ratsam sich für eine Wertkarte zu entscheiden.

# 15 Die besten Geldspartipps rund um Versicherungen

- **Versicherungsvergleich**
  Vergleichen Sie regelmäßig die Versicherungsanbieter. Auf www.durchblicker.at können Sie Versicherungen online vergleichen. Falls Sie persönlich beraten werden wollen, gehen Sie zu einem Versicherungsmakler.

- **Jährliche Zahlung der Versicherungsprämien**
  Zahlen Sie Ihre Versicherungsprämien immer jährlich. Wer seine Beiträge monatlich, vierteljährlich, oder halbjährlich zahlt, muss mit Zuschlägen von bis zu 10 Prozent rechnen.

- **Vorsicht vor Beitragsdynamiken bei Lebensversicherungen**
  Hierbei erhöht sich schrittweise die Prämie zu dem Vertrag. So wird jedes Mal ein neuer kleiner Vertrag abgeschlossen, der wieder Kosten erzeugt.

- **Spezielle Rabatte**
  Fragen Sie Ihrem Versicherungsmakler immer nach besonderen Rabatten für z.B.: Familien, Senioren, Singles, etc...

# 16 Die besten Geldspartipps rund um Babys und Kinder

- **Alternative zu Baby Puder:** Verwenden Sie Anstelle von Baby-Puder Stärkemehl. Dies hat denselben Effekt und kommt wesentlich billiger.

- **Sie können Baby Puder auch mit Stärkemehl mischen,** wenn Sie auf den Geruch von Baby-Puder nicht verzichten möchten. Kommt auch noch billiger als reiner Baby Puder.

- **Hautausschläge behandelt man am besten,** wenn man die Haut der Luft aussetzt. Lassen Sie die Windel öfters weg.

- **Bei einer Entzündung der Haut,** sollte man keinen Puder mehr drauf geben. Verwenden Sie Vaseline.

- **Kein Gästebett zuhause?**
  Nehmen Sie einfach eine Matratze. Legen Sie diese unters Kinderbett, dann ist diese immer verfügbar, wenn Kinder bei Ihnen übernachten möchten.

- **Günstigere und bessere Belohnungen für Kinder**
  Belohnen Sie ein gutes Zeugnis oder andere besondere Taten Ihres Kindes mit einem feinen Essen. (Lieblingskuchen, Lieblingsspeise, etc…). Feiern Sie den Anlass wie ein Fest. Dekorieren Sie den Tisch ganz feierlich (Silberbesteck, Tischtuch, etc….) Es müssen nicht immer teure Geschenke sein.

- **Bei Babys, die wund sind,** verwendet man Hautöl anstatt Puder.

- Babypopo wird nicht so schnell wund, wenn man ihn mit Kernseife wäscht.

-

# 17 Die besten Geldspartipps Sonstige Wertvolle Tipps

- **Kerzen brennen langsamer ab**, wenn man um den Docht feine Salzkörner legt

- Beim Einkaufen (Ausnahme: Lebensmittel) immer nach einem Skonto fragen.

- **Klebstoff richtig aufbewahren.** Offener Sekundenkleber hält sich monatelang im Kühlschrank oder im Tiefkühlfach.

- **Farbe beim Lackieren sparen.** Geben Sie ein Gummiband um den Farbtopf. Dann können Sie den Pinsel immer sauber abstreifen. Dies spart Farbe und der Dosenrand bleibt sauber. Zudem lässt sich der Farbtopf viel leichter öffnen.

- **Technische Geräte nie vor Weihnachten kaufen,** sondern immer erst ab Mitte Jänner des nächsten Jahres. Eventuell auch Black-Friday-Angebote nutzen. Das bringt Ersparnisse bis zu 40 Prozent.

- **Werbegeschenke.** Wenn Sie schon einmal in einer Parfümerie eingekauft haben, so hat man Ihnen vielleicht schon mal ein paar Probierpackungen von anderen Artikeln mitgegeben. Die meisten Läden haben solche Proben und Werbegeschenke. Fragen Sie danach.

- Im Internet gibt es tolle Seiten um Gratisproben und Schnäppchen zu erhalten. Hier eine kleine Auswahl: www.Kostenlos.de,

- www.alles-und-umsonst.de,

- www.preisjaeger.at,

- www.gratisland.de,

- www.sparhamster.at

- **Zusammenklebende Klarsichtfolie** lässt sich wieder leicht trennen, wenn Sie diese einige Zeit in die Gefriertruhe legen.

- Ein Holzkochlöffel über siedendes Wasser gelegt, verhindert ein überlaufen des Schaumes.

- Ein Kamm hält einen Nagel fest, bis Sie ihn eingeschlagen haben.

- Stecken Sie eine Büroklammer in die Öffnung eines Superklebers, dann können Sie ihn leicht wieder öffnen.

- **Auf das Kondenswasser bei Verpackungen von Lebensmitteln achten.** Befindet sich Wasser drinnen, ist es ein Zeichen dafür, dass die Lagerungstemperatur nicht eingehalten wurde.

# 18 Nachwort

Es ist wichtig, täglich im Buch zu lesen und den Inhalt ins tägliche Leben einfließen zu lassen.

Teilen Sie mir bitte auch die Erfahrungen mit diesem Buch mit.

„Kommt sagt es allen weiter, ruft es in alle Welt hinaus" lautet eine wunderschönes christliches Lied. Unter diesem Motto wäre ich Ihnen sehr dankbar, wenn Sie anderen Mitmenschen von der Begegnung mit diesem Buch erzählen, und es weiterempfehlen würden.

Meine Vision ist es, die Welt glücklicher, erfüllter, gesünder und liebevoller zu gestalten.

Mein Segen begleite Sie,


Ihr

Martin Leopoldseder


Über den Autor

Martin Leopoldseder, beschäftigt sich schon seit über 25 Jahren mit der Erforschung von wahrem Glück und innerem Wohlbefinden, nach den wahren Ursachen von Krankheit und Leid, um Möglichkeiten und Lösungen zu finden, um ein ganzheitlich erfolgreiches, und von Herzen erfülltes, selbstbestimmtes Leben zu führen.

Vom Autor sind bisher folgende Titel erschienen:

**Jeden Abend zur Ruhe kommen**

Ängste und Sorgen vor Terror, Stress, Alleinsein im Alter, Krankheiten, vor der Zukunft; all das lassen Menschen nicht mehr zur Ruhe kommen. Dieses Buch enthält viele, hoch wirksame, erprobte und praktische Methoden und Techniken, um sich von innerer Unruhe, Ängsten und Sorgen zu befreien.

**So verbessern Sie Ihre Sehkraft mit ganzheitlichem Augentraining.**

Empfehlenswert für alle, die täglich ihre Augen durch Benutzung von Handy, Computer oder Fernseher belasten.

## Zeitlose Wege zu ganzheitlicher Gesundheit und Heilung

Dieses Praxisbuch befasst sich mit allen Bereichen der Gesundheit.

## Omas beste Mehlspeisen

Diese Rezeptsammlung beinhaltet Mehlspeisen ohne chemische Zusätze.

Martin Leopoldseder

**Die Botschaft deiner Krankheit und Heilung auf der emotionalen Ebene**

Die Botschaft deiner Krankheit und Heilung auf der emotionalen Ebene

Dieses Praxisbuch dient zur Aktivierung der Selbstheilungskräfte mit der EMT-Technik.

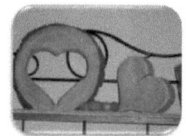

Praxisbuch zur Aktivierung der
Selbstheilungskräfte mit der EMT-Technik

Alle Bücher sind auf www.amazon.de und www.thalia.at erhältlich, sowie in sämtlichen Buchhandlungen in Österreich und Deutschland bestellbar.